コんがらがっち
ぬきあしさしあし
すすめ！の本《ほん》

ユーフラテス

もくじ

いぐら

おれ、いぐら！

いるか  と もぐら  が

こんがらがって　できた せいぶつ。

よろしくー。

「いぐら、にんじゃに なって ぬきぁし さしあし すすめ!」のまき

ぬすまれた
まきものを
とりかえせ!
ややっ、
いぐら

あるばん、
いぐらの もとに
なぞの しれいが
とどきました。

おれの
でばんか?
わるものの
おやしき
いぐらのすけ
すきな
みちを
ゆびで
たどろう!

いぐらは
にんじゃ　いぐらのすけ

に
へんしん!
わるものの　おやしきに
しのびこむぞ!

わるものは　ひでんの
まきものを
ぬすんだとのこと。
おやしきの　どこかに
きっと　あるはず。

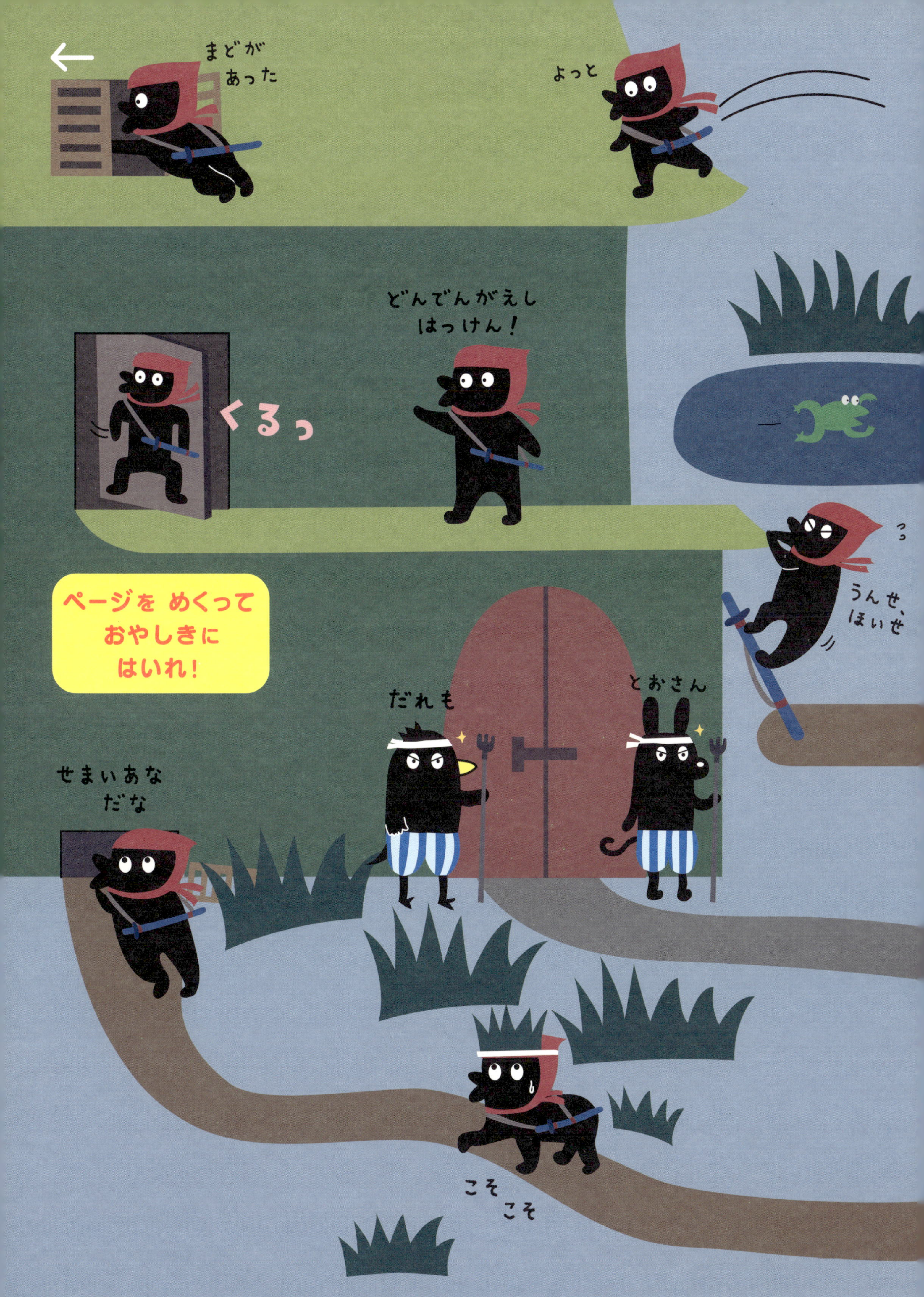
まどが
あった
よっと
どんでんがえし
はっけん！
くるっ
ページを めくって
おやしきに
はいれ！
うんせ、
ほいせ
だれも
とおさん
せまいあな
だな
こそ
こそ

やねうら
ギシギシ
する
らくしょ〜
だな
にんぽう、
つなくだり〜
ギシギシ
ウヒヒ
なにか
いる！
まきもの
どこだ？
わるものに
みつからないように
そっと　すすめ！
むぎぎ…
おけつが
ひっかかった
おっと、
しんぞう
とまるっ
つーの
ヒ〜

わるものの　おやぶんが
ねむるへやに　しのびこんだ
いぐらのすけ。
こぶんも　ゆだんしているぞ。
まきものを　さがせ！

まきものを　みつけて
うかれて　さわいだ
いぐらのすけは、
わるものの　こぶんたちに
みつかってしまった！

まてー！
やばっ、
みつかった
ま、まずいぞ
ムム！
あやしいやつ
なんか、そとが
うるさいな

このままでは
つかまってしまうぞ！
どうぐを　えらんで
にんじゅつで
かくれよう。

どうぐを
ひとつ
えらんで、
すすめ！

わるものたちは、
いぐらのすけを
おいかけて
なかにわに
やってきました。

みんなの
いぐらのすけは
どこに　かくれて
いるかな？

ちゃんと
みつけたら
ページを
めくれ！

なんとか
にげられた
ひでんの

どうにか
まきものを
とりかえした
いぐらのすけ。

さいごは
にんじゃらしく、
ドロンの　じゅつで
さらばだ！

てなわけで
みなさん、
さらばだ
ドロン

いえに　かえった
いぐらのすけが
まきものを
あけてみると…、

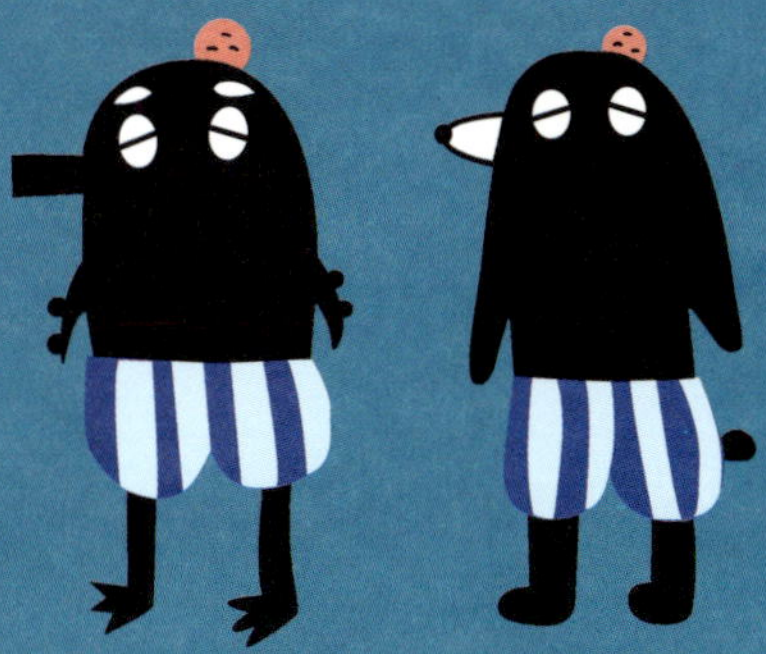

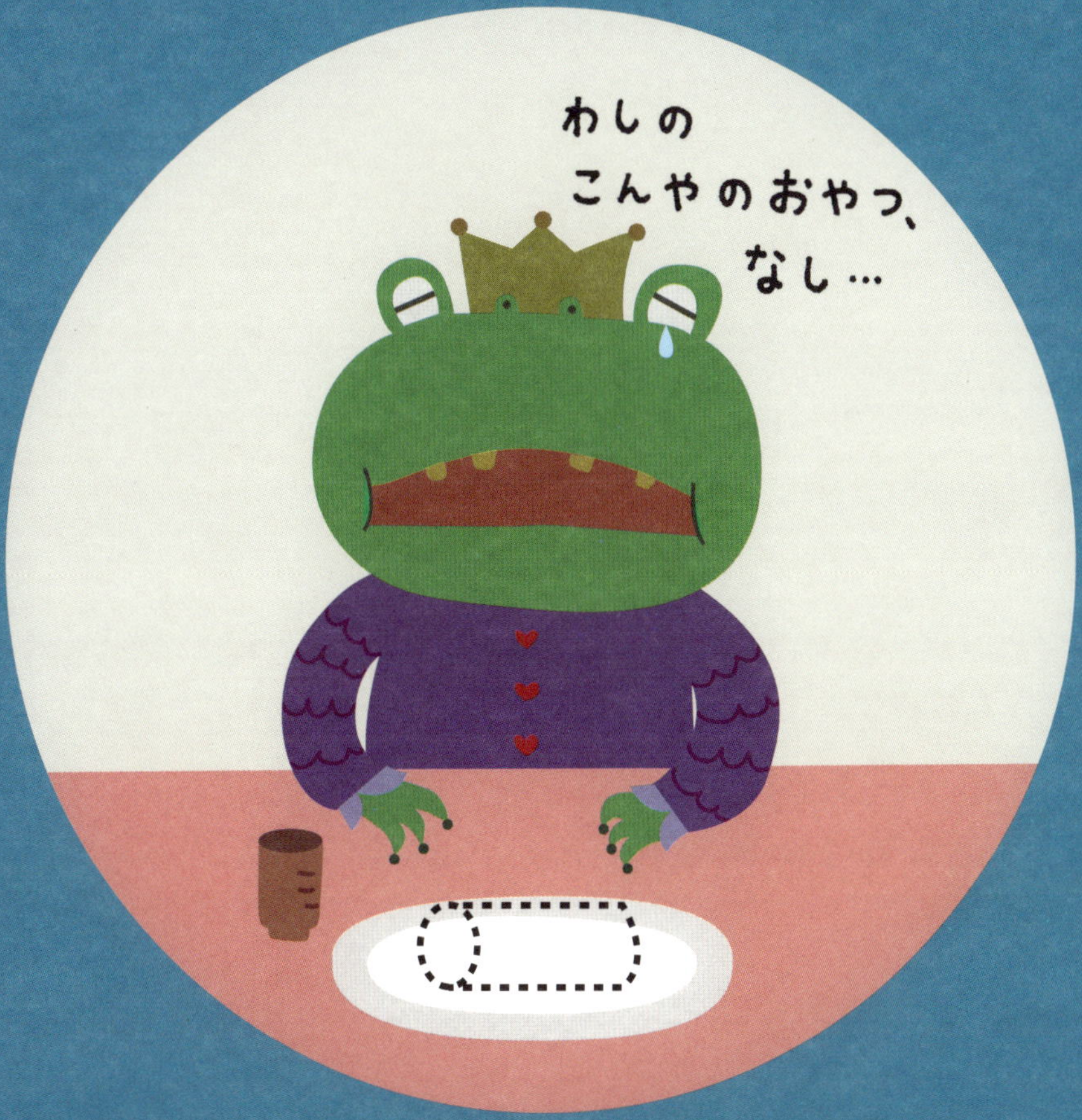
わしの
こんやのおやつ、
なし…

いっぽう
そのころ。

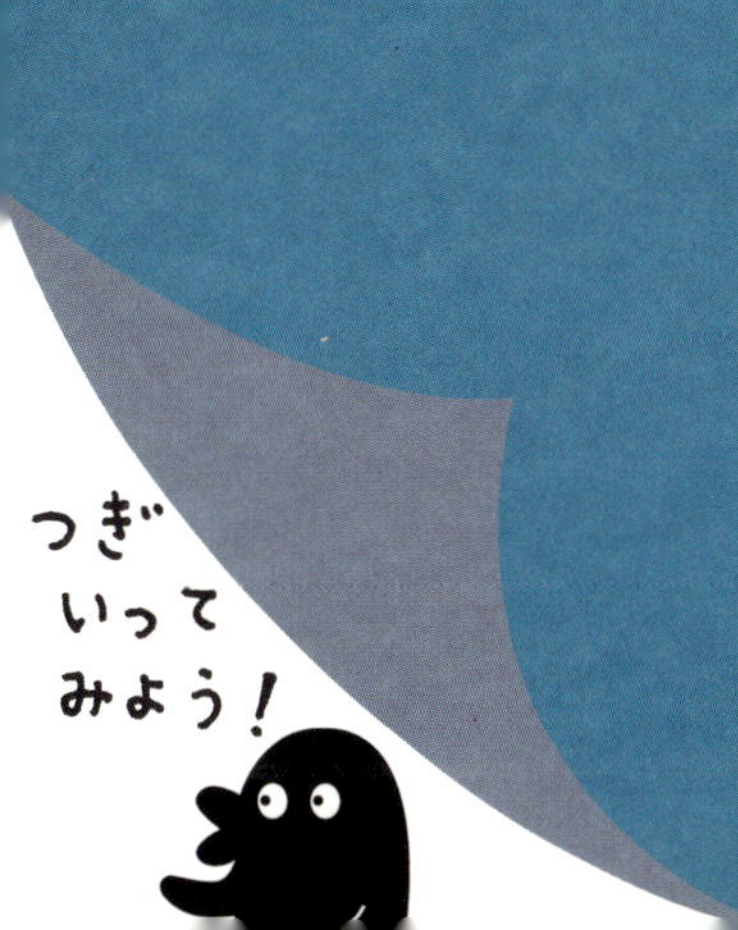
つぎ
いって
みよう！

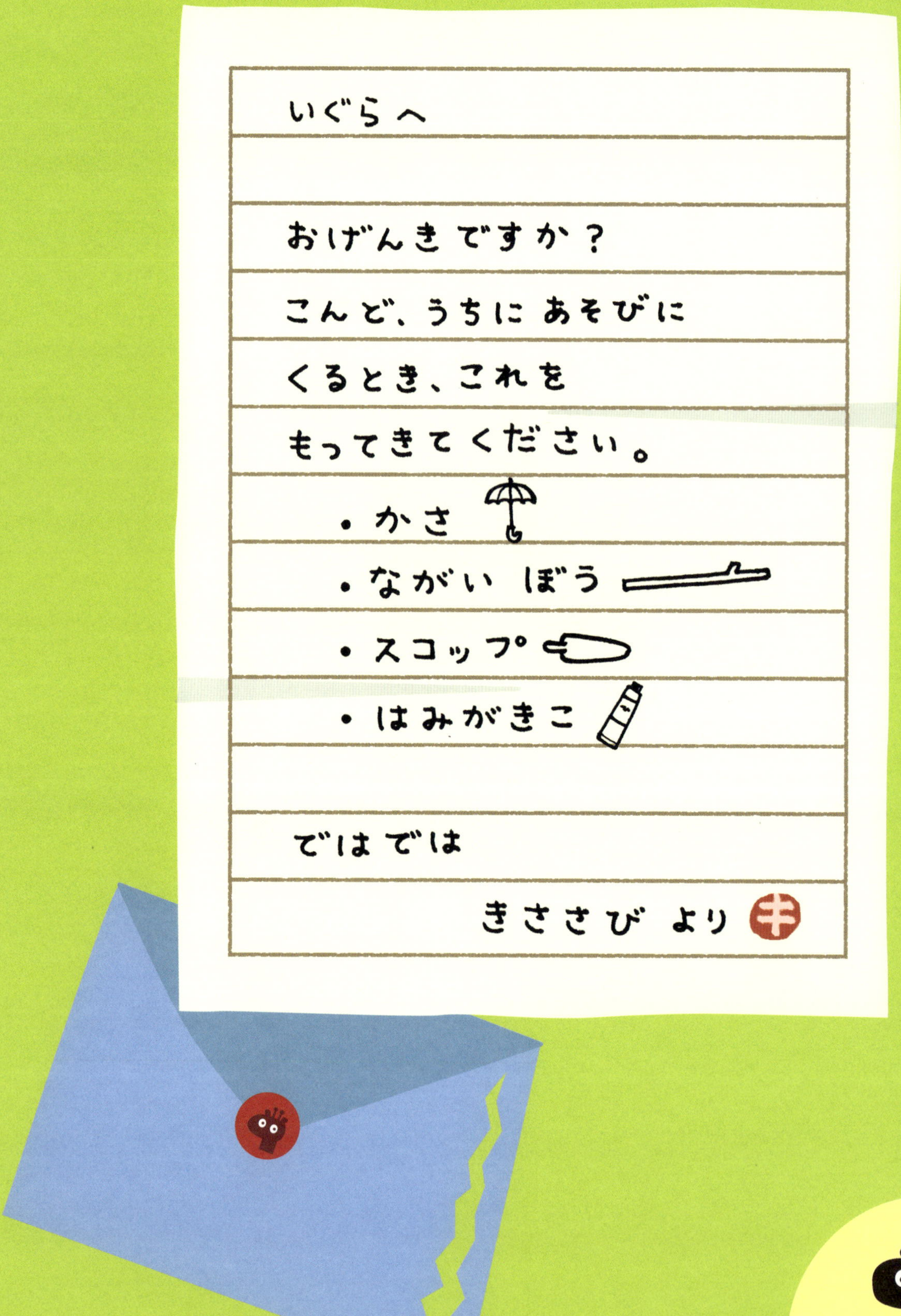

いぐら へ

おげんきですか？

こんど、うちに あそびに

くるとき、これを

もってきてください。

- かさ
- ながい ぼう
- スコップ
- はみがきこ

ではでは

きささび より

きりんと　むささびが
こんがらがった　せいぶつ。

「いぐら、どうぐを つかって すすめ！」のまき

なにに
つかうのかな？
だいたい はれ
いぐら

いぐら、きょうは
もりのおくに すむ
きささびの いえに
あそびに いきます。

ただいま
じゅんびちゅう…。

きささびの　てがみに
あったとおり、
かさと　ながい　ぼうと
スコップと　はみがきこを
もって、いぐらは
もりの　おくへ
むかいます。

もしや、あのみは…
ん？かさのかんばんだ
あのもこもこ、なんだ？
すきなみちをゆびでたどろう！

かさを　つかって
なんとか　さきに
すすめた　いぐら。
そうか、どうぐを
うまく　つかって
すすめ！　ってことだな。

じゅんび
いいな
こういう
ことね

くっそ〜
へへんだ
じゅんび いいな
どしゃぶりいけ

ながい　ぼう
どうやって
つかうかな？

かんがえたら
すすもう！

すきな
みちを
ゆびで
たどろう！

こういうのも あるな！
じゅんび いいな
ドキドキ
くそー、 とどかん
リュック やぶけた…
いいこと したな
ママ、 よかったね
どうも ありがとう
じゅんび いいな
このぼう、 つかってよ

じゃまな いわ
はっけん!
つぎは
スコップか
む、この
はっぱ は…
すきな
みちを
ゆびで
たどろう!

じゅんび
いいな
で、でた…
おいもが
たくさん！
うりゃ！
どりゃ！
じゅんび
いいな

どうぐを　うまく　つかって
いぐらは　やっと
きささびの　いえに　つきました。
きささびは　きの　うえに
すんでいるんだね。

あれ、まだ　つかっていない
どうぐが　ひとつ　あるけど、
いいのかな？

はみがきこ
ありがとう!
ちょうど
きれたんだ
………。

あれ、
なんだか
いい
におい…

「いぐら、いいにおいを さがせ!!」のまき

おなじ
ドアへ
ぴょんと
ワープ！

いぐらが　へやで
ほんを　よんでいると
ドアの　むこうから
いい　においが
ただよってきました。

いぐらは
においの　もとを
さがしに　いきます。

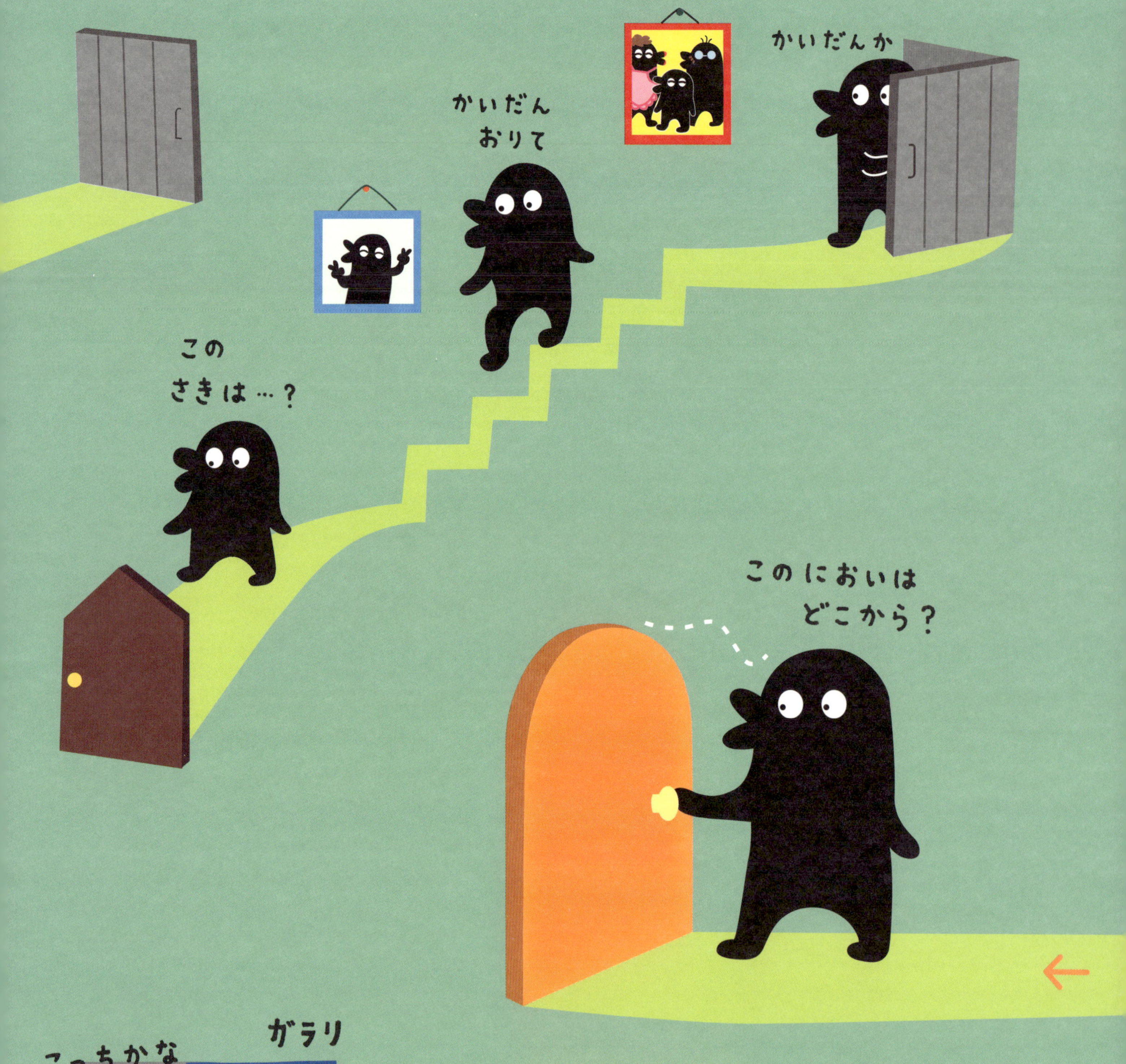
かいだんか
かいだん
おりて
この
さきは…？
このにおいは
どこから？

いぐらは、いい　においを
さがして　いえじゅうを
めぐります。

**おなじ　ドアを
みつけて
どんどん
ワープだ！**

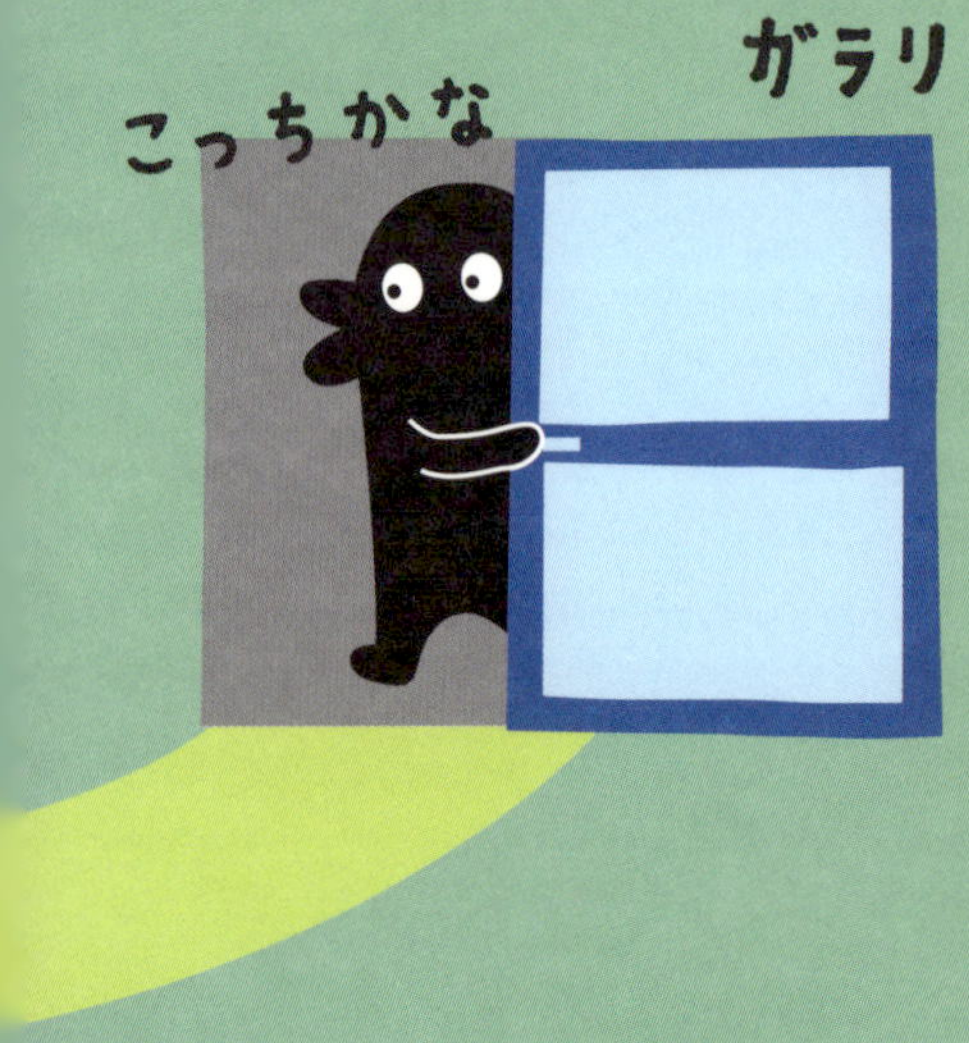
ガラリ
こっちかな

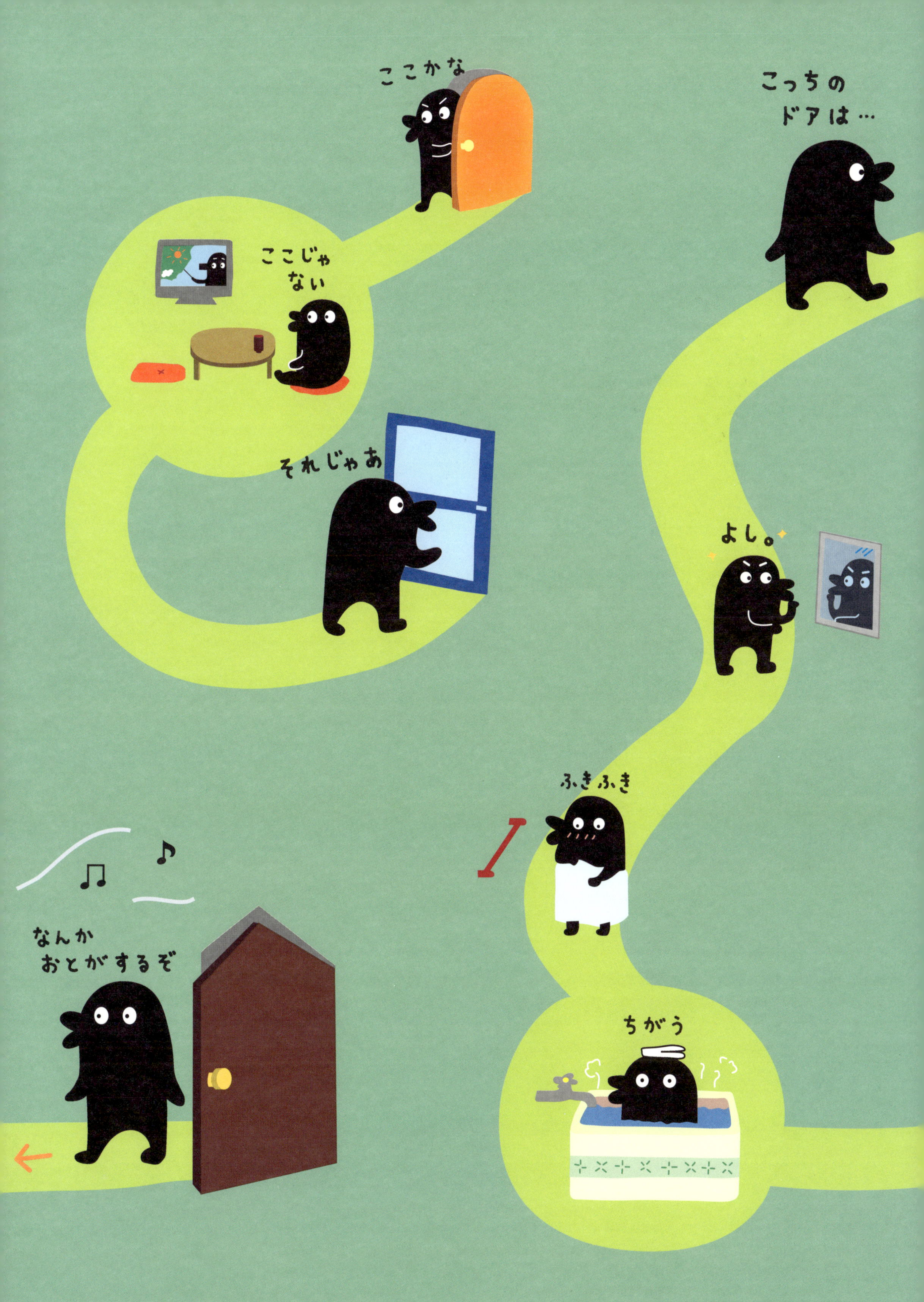

こっちの
ドアは…
よし。
ふきふき
ちがう
ここかな
ここじゃ
ない
それじゃあ
なんか
おとがするぞ

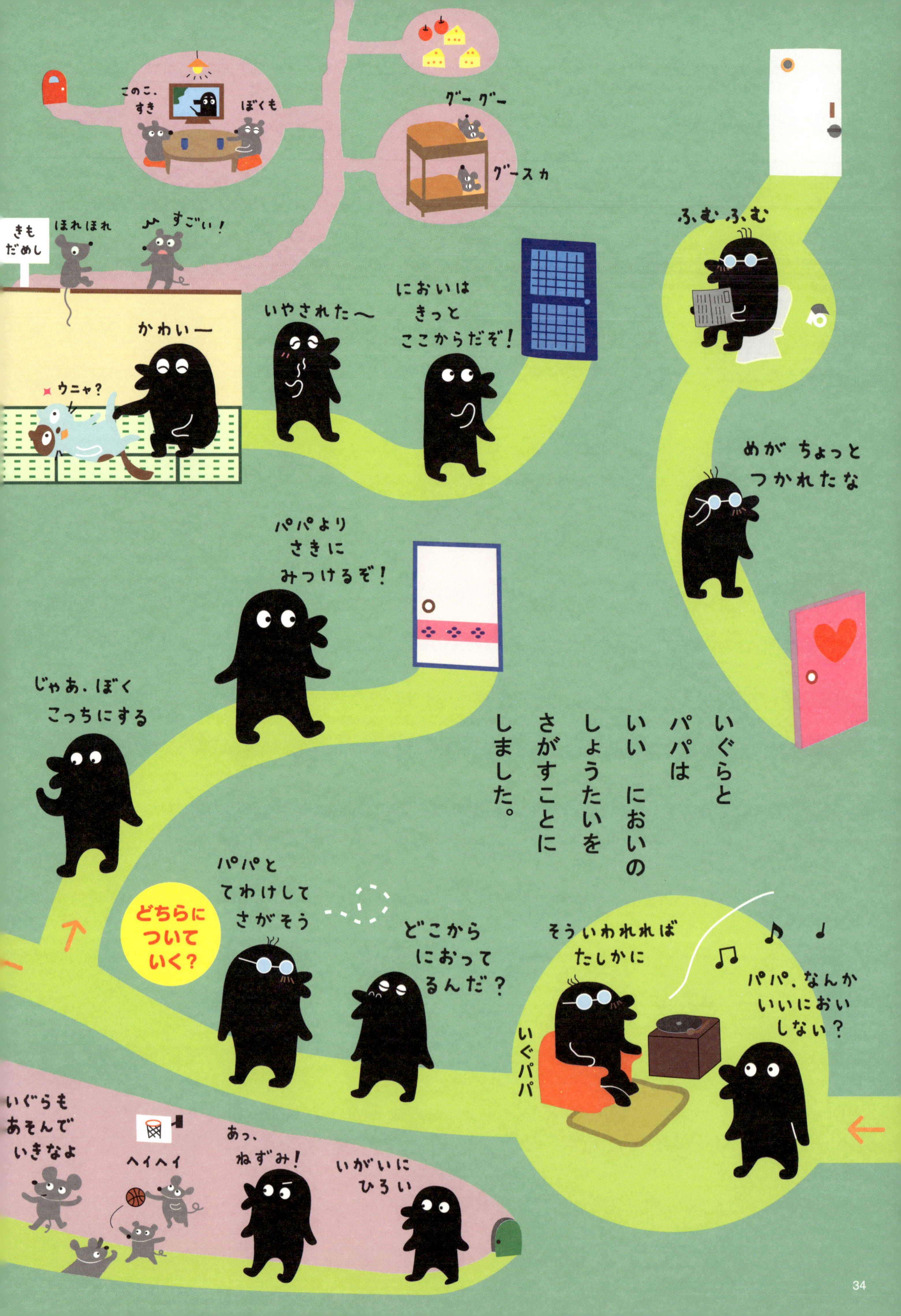

いぐらと
パパは
いい においの
しょうたいを
さがすことに
しました。

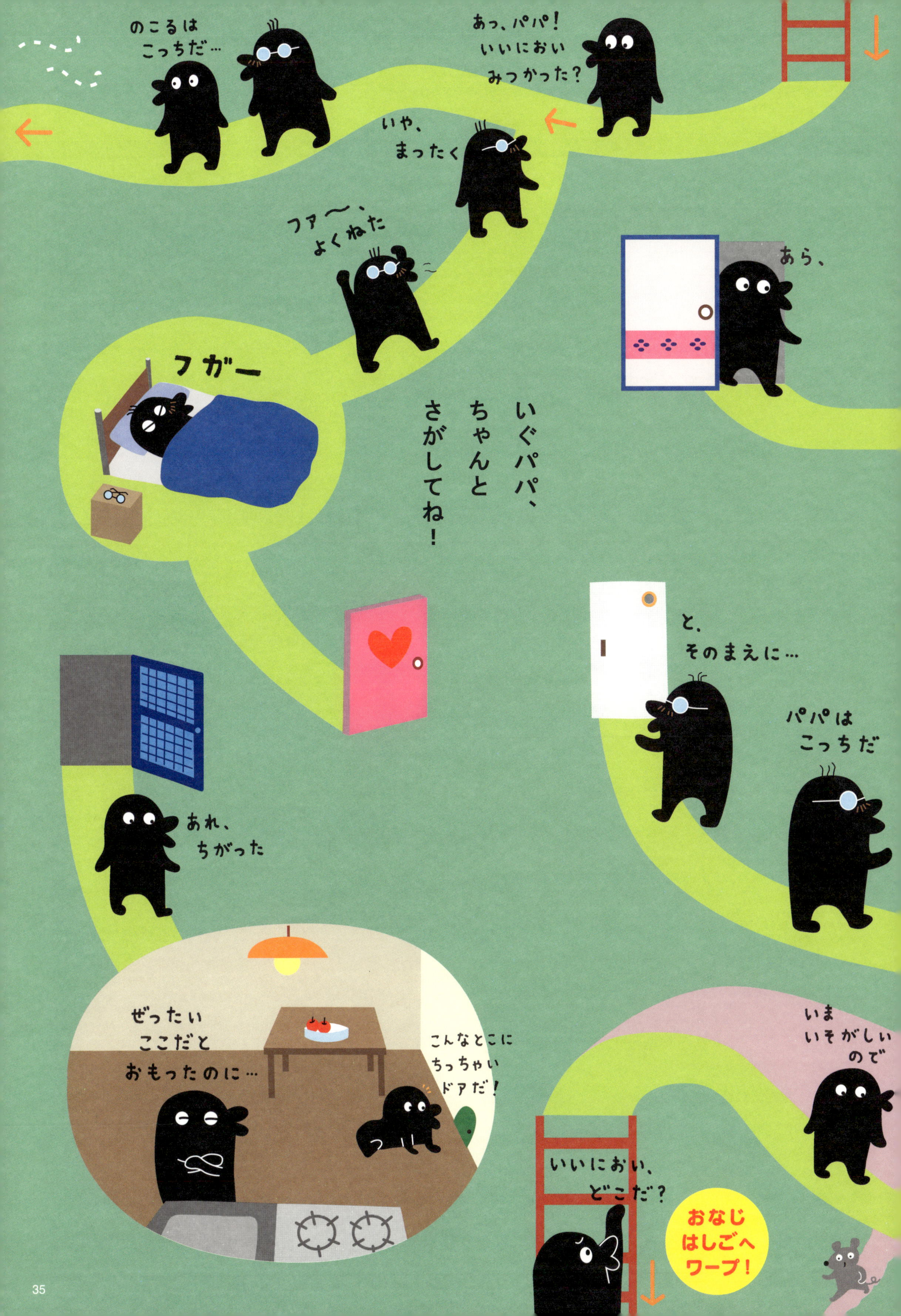
のこるは
こっちだ…
あっ、パパ！
いいにおい
みつかった？
いや、
まったく
ファ〜、
よくねた
フガー
あら、
いぐパパ、
ちゃんと
さがしてね！
と、
そのまえに…
パパは
こっちだ
あれ、
ちがった
ぜったい
ここだと
おもったのに…
こんなとこに
ちっちゃい
ドアだ！
いま
いそがしい
ので
いいにおい、
どこだ？
おなじ
はしごへ
ワープ！

いいにおいの　もとは
いぐママが　じゅんびしていた
おひるの　バーベキューでした。
おひさまの　したで
たべる　ごはんは
おいしいね！

おしまい

おれたち、コンガラガッチ！

いろんな どうぶつが
こんがらがってるぞ！

いぐらのすけ

いぐらが　にんじゃに
へんしん。
あかい　ずきんが
とれーどまーく。
めだちやすい。

がまとのおやぶん

がまがえると
とのさまがえるが
こんがらがって
できた　しんしゅの
せいぶつ。
のりまきが
だいこうぶつ。

てぃらぐら

てぃらのさうるすと
もぐらが　こんがら
がっている。
ひるねが　だいすき。

ありのさうるす

ありくいと
てぃらのさうるすが
こんがらがっている。
やきそばパンが
こうぶつ。

たらす

たこと　からすが
こんがらがっている。
いけの　においが
すき。

むらす

むささびと
からすが
こんがらがって
いる。
よく　どぶに
はまる。

もさぎ

もぐらと　うさぎが
こんがらがっている。
あまいものに
めが　ない。

うる

うさぎと　さるが
こんがらがっている。
みかんは　はんぶんに
わってから　むいて
たべる。

かのさうるす

からすと
てぃらのさうるすが
こんがらがっている。
はしるのが　はやい。

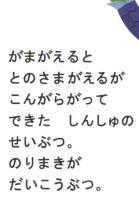

のねずみいっか

もりに　すむ
のねずみの　かぞく。
こんがらがっちせいぶつ
ではない。
おかあさんは　はれると
せんたくものが　ほせるので
とても　うれしい。

わに

かわに　すむ　どうぶつ。
こんがらがっちせいぶつ
ではない。
ひとりで　つまらないので
ふだんは　ひとりしりとり
ばかりしている。

きささび

いぐらの　ともだち。
きりんと　むささびが
こんがらがっている。
もりで　つりーはうすに
すんでいる。

ありりん

ありくいと　きりんが
こんがらがっている。
バーベキューでは
ウィンナーが　すき。

いぐママ

いぐらの　ママ。
いるかと　もぐらが
こんがらがっている。
いぐらのことを
いぐちゃん　とよぶ。

いぐら

いるかと　もぐらが
こんがらがって
できた　せいぶつ。
バーベキューでは
しいたけが　すき。

いぐパパ

いぐらの　パパ。
いるかと　もぐらが
こんがらがっている。
マイペースな　せいかくで
おんがくを　きくのが
しゅみ。

てぃらこ

てぃらのさうるすと　たこが
こんがらがっている。
サッカーが　うまい。

ねずみいっか

いぐらの　うちに　すんでいる
ねずみの　ファミリー。
こんがらがっちせいぶつ
ではない。
のねずみいっかと
とおい　しんせき。

たるー

おてんきおねえさん。
たこと　かんがるーが
こんがらがっている。
たかい　こえが
チャームポイント。

ねこ

よく　ねむる　どうぶつ。
こんがらがっちせいぶつ　ではない。
いぐママの　くれる　のこりごはんが　すき。

著　者　紹　介

ユーフラテス【EUPHRATES】

佐藤雅彦と慶應大学佐藤雅彦研究室の卒業生からなる、クリエイティブ・グループ。NHK Eテレの『ピタゴラスイッチ』や『0655・2355』の番組を企画・制作。教育映像や新しい表現を生み出す活動をしている。この絵本の制作は 貝塚智子・うえ田みおが担当。

1話め、3話めのおはなしは、
雑誌『幼稚園』が 初出だぞ。
2話めのおはなしは、
書き下ろしだぞ。

コんがらがっち ぬきあし さしあし すすめ！の本　2016年 3月 22日　初版第1刷発行　著者 ユーフラテス
2017年 1月 24日　第4刷発行
企画：貝塚智子・うえ田みお　絵：うえ田みお　監修：佐藤雅彦　装丁：貝塚智子
プリンティングディレクター：富岡隆　印刷進行：森和則
印刷：凸版印刷株式会社　製本：株式会社若林製本工場
編集進行：甲斐拓也　発行者：塚原伸郎　発行所：小学館　〒101-8001　東京都千代田区一ツ橋2-3-1
編集　03-3230-5436　販売　03-5281-3555

ISBN 978-4-09-726631-0